LA MEZQUITA ALJAMA DE CORDOBA

La Mezquita Aljama de Córdoba, la gran mezquita del Occidente musulmán, está edificada a orillas del río Guadalquivir, en el lugar que antes ocuparon la basílica latino-bizantina o catedral cristiana de San Vicente, y más anteriormente un gran templo romano y posiblemente antes de éste algún delubro, triunfo o idolario, de los naturales o de los colonizadores fenicios o griegos, puesto que ahí estuvo uno de los puertos fluviales de la vieja Córdoba. Así, pues, hace varios miles de años, los cordobeses vienen rezando a las divinidades de muy distintos credos religiosos en el mismo lugar.

Esta Mezquita cordobesa, la más grande durante varios siglos en todo el mundo islámico, es de excepcional importancia en la historia del arte universal, porque es el laboratorio donde se forjan nuevos estilos y donde aparecen por vez primera nuevos elementos estilísticos de gran valor, cuya influencia perdura varios siglos y trasciende a muchos países, tanto del norte africano como del mediodía europeo.

Su génesis y estructura general obedecen al encuentro de la tradición Oriental con la Occidental, reflejando vagamente el influjo basilical cristiano, como también es recuerdo de los templos hipóstilos egipcios y de las apadanas persas, heredando la tradición clásica greco-romana, revestida de galas sirias y mesopotámicas y llegando a la fusión de todo ello en un nuevo estilo

1.   *Desde el puente romano sobre el Guadalquivir, vista general de la Mezquita, con la gran mole de la Catedral en su centro.*

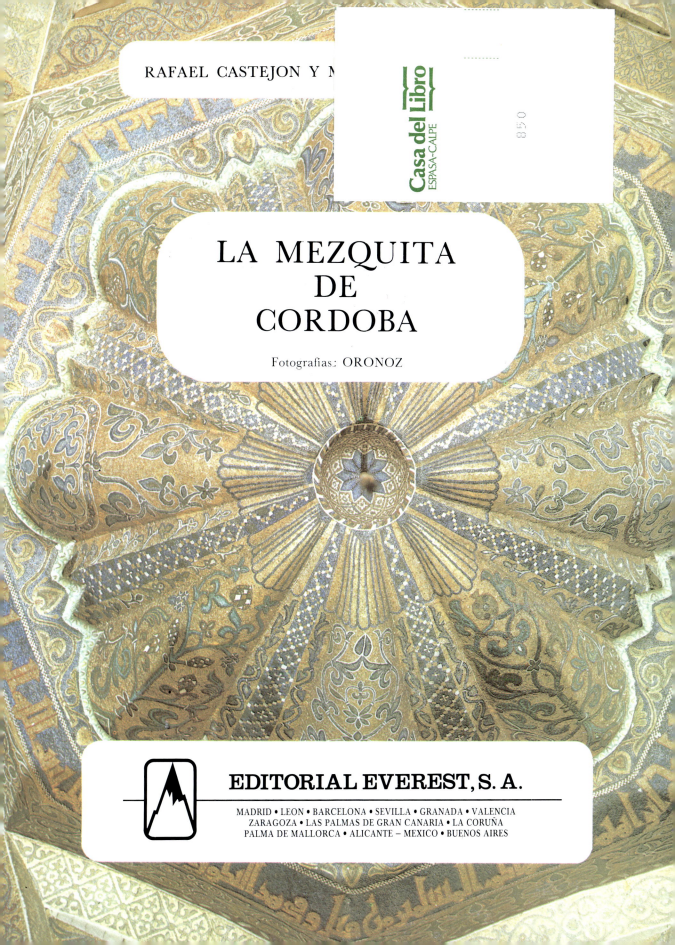

RAFAEL CASTEJON Y M...

LA MEZQUITA DE CORDOBA

Fotografías: ORONOZ

EDITORIAL EVEREST, S. A.

MADRID • LEON • BARCELONA • SEVILLA • GRANADA • VALENCIA
ZARAGOZA • LAS PALMAS DE GRAN CANARIA • LA CORUÑA
PALMA DE MALLORCA • ALICANTE – MEXICO • BUENOS AIRES

DÉCIMO PRIMERA EDICIÓN

© EDITORIAL EVEREST, S. A.
Carretera León-La Coruña, km 5 - LEÓN
ISBN: 84-241-4711-1
Depósito legal: LE. 1313 - 1988
Printed in Spain - Impreso en España

EDITORIAL EVERGRÁFICAS, S. A.
Carretera León-La Coruña, km 5,
LEÓN (España)

2. *La Gran Mezquita es la fortaleza de la Fe, en cuyo patio los surtidores y azahares recuerdan el Paraíso del Creyente.*

3. *Angulo suroccidental de la Mezquita con las portadas de Alháquem II.*

llamado arte del Califato de Córdoba, arquitectura hispano-mogrebina o arte del Occidente musulmán.

Por ser la Mezquita de Córdoba la plena consagración del arco de herradura, de tan castiza ascendencia hispánica, el profesor Gómez-Moreno ha podido decir con todo fundamento que es el monumento más español que hay en España, y afirma que desde la prehistórica cueva de Menga hasta hoy, nuestro país no puede ostentar otro edificio equiparable en originalidad.

La Mezquita de Córdoba, asegura Torres Balbás, inaugura el arte hispano-musulmán, llega a su cénit en el siglo x, en la ampliación de Alháquem II, contemporánea de las maravillas de Medina Azahara, y se distribuye por toda la Península con los reinos de Taifas, teniendo como herederos las construcciones de Almorávides y Almohades, y por más lejanos descendientes el arte nazarita de Granada, donde termina el ciclo de ese arte en la Península. En otro lugar ha dicho que en Córdoba, Roma llega hasta el fin del Califato.

En nuestros días afirma Chueca Goitia que la Mezquita de Córdoba es el último monumento helenístico que se hace en el mundo.

RECUERDO HISTORICO

Cuando a principios del siglo VIII, el año 711, desembarcan en la Península los primeros contingentes formales de árabes o caldeos como entonces fueron llamados, el territorio nacional estaba en guerra civil, por el eterno motivo de si la monarquía había de ser hereditaria o electiva.

Witiza había señalado a su hijo Aquila II como heredero, pero la tradición goda de guerreros, magnates y obispos, señaló a Rodrigo, nacido en Córdoba, en el palacio, cuyas ruinas se afloran en estos tiempos, de su padre Teudefredo, hijo a su vez del rey Chindasvinto, el cual, por su juventud y ardimiento, se destacó como caudillo. Apenas designado combatió a Aquila II, huido o refugiado en el Norte Peninsular, y ante la ausencia temporal del nuevo rey,

4. *La portada de San Esteban, que los árabes llamaron Puerta de los Visires, es muy discutida en su filiación arqueológica.*

el partido vitizano llama a los árabes en su ayuda, y a orillas del Guadalete se da la batalla en que muere Don Rodrigo, cuyo reinado no llega a un año. Sus partidarios han de huir, en tanto que los vitizanos quedan con sus prerrogativas y propiedades bajo la dominación árabe.

Córdoba había sido remozada en estos tiempos, por Egica y Witiza como pregonan las acuñaciones de las monedas contemporáneas. Las murallas romanas se habían prolongado hasta la línea del río y una catedral nueva, dedicada a San Vicente, se ofrecía con sus tres naves basilicales a los conquistadores, quienes, por haber entrado en la ciudad, seguramente por pacto, respetaron la mitad del templo a los cristianos, y se conformaron con la otra mitad, hacia 741.

Esta situación dura casi medio siglo, la etapa de los gobernadores o emires, dependientes de Damasco, hasta que llega a Córdoba el primer Abderrahman, último vástago de la dinastía Omeya del Oriente, quien tras una huida casi novelesca alcanza España y establece una dinastía que ha de durar más de dos siglos. Casi al final de su largo reinado (755-788) en el que, según dice en uno de sus poemas, «uní con mi espada los trozos de mi reinado, como el sastre une con su aguja los pedazos de tela para hacer el traje», es cuando se decide a construir una mezquita nueva, como también un nuevo Alcázar o palacio real. Así, pues, había rezado en la mitad del templo cristiano, como había habitado en el antiguo palacio de campo de los gobernadores godos, el llamado «palacio de Teodomiro», al que bautizó con el nombre de al-Rusafa, en recuerdo del que tuvieron sus abuelos junto a Damasco.

Para construir esta primera Mezquita, Abderrahman «el Inmigrado», abate totalmente el templo cristiano, pero aprovechó también casi totalmente sus elementos, especialmente las columnas de las naves basilicales. Parece que inicia las obras el año 785 y cuando muere tres años después (788) no están del todo terminadas, puesto

que su hijo Hixem I ha de construir la torre o alminar desde el cual llama el almuédano a la oración. No subsiste inscripción alguna de esas datas, aunque los cronistas árabes son muy precisos al señalarlas, como tampoco se conservan nombres de alarifes que la construyeran.

DESCRIPCION GENERAL DE LA MEZQUITA

La Mezquita de Córdoba forma un rectángulo de 130 metros de ancho por 180 de fondo, con una superficie por tanto de 23.400 metros cuadrados.

Está contenida dentro de un fuerte muro torreado que le da aspecto de fortaleza —la fortaleza de la fe—, y está compuesta de un gran patio al Norte, que ocupa casi un tercio del total (es-sahn o Patio de los Naranjos) y de un templo interior techado (chami).

El muro está coronado por almenas de tipo escalonado, cuyo remoto antecedente está en la arquitectura sasánida de Persia, pero que tomaron tal carta de naturaleza en todas las construcciones del Califato, que por antonomasia son llamadas almenas cordobesas.

En el Norte tiene la puerta principal llamada del Perdón porque en su porche se constituía el tribunal eclesiástico que condonaba diezmos y multas a los morosos, en los tiempos en que el Cabildo disponía de rentas cuantiosas y extensas propiedades.

Esta portada fue muy modificada en el siglo XIV, a cuyo tiempo pertenece la espléndida puerta mudéjar chapada en placas con decoración, en cuyos centros alternan las palabras DEUS y AL-MULK LILAH (el imperio o poderío es solo de Dios). Tiene pinturas de Antonio del Castillo muy deterioradas.

En este frente norte hay otra puerta llamada del Caño Gordo, por el que fluye a su costado, de estilo grecorromano del si-

5. *Vista en escorzo de una maravillosa portada de Alháquem II, restaurada finamente a principios de este siglo.*

glo XVII, y junto a ella un popular retablo llamado de la Virgen de los Faroles, con un cuadro de la Asunción que ardió en 1928 y se sustituyó con otro que pintó el famoso Romero de Torres.

Otras' puertas que dan al patio son el Postigo de la Leche en el costado Occidental, donde en viejos tiempos se colocaban los niños abandonados, de estilo ojival decadente, con otro análogo en el costado Oriental de fuerte barroquismo, y más abajo del anterior la llamada Puerta de los Deanes, de traza musulmana, aunque muy reformada.

En el resto de este lienzo Occidental hay cinco puertas que acceden al interior y luego describiremos, así como en el costado Oriental hay siete portadas al interior, aparte de la de ingreso al patio por ese lado, llamada de Santa Catalina, plateresca, reformada en 1573, con batientes forrados de láminas de bronce a estilo Califal, y dos escudos en las enjutas de su gran arco que representan el alminar árabe antes de su reforma.

LA PUERTA DE SAN ESTEBAN

Así fue llamada en tiempos modernos la primera gran portada entre torreones, que corresponde a la Mezquita primitiva de Abderrahman I, por la cual entraba el soberano con su séquito, a lo que obedece el guardapolvo o cornisa almenada que ostenta en lo alto. En su tiempo fue llamada Bab-al-uzara o puerta de los visires o ministros.

Esta portada, la más antigua de la Mezquita, es objeto de eruditas discusiones arqueológicas. El eximio maestro Gómez Moreno la consideraba como resto de la anterior basílica cristiana. Parece que la

6. *Detalle de otra portada de Alháquem II, con letreros cúficos en su centro.*

7. *El hoy llamado postigo de San Miguel, al cual abocaba el primer pasadizo con el Alcázar califal, reformado en el siglo XVI.*

8. *La Puerta llamada de la Paloma, cuyo original árabe fue casi destruido por la primorosa decoración ojival de fines del siglo XV.*

decoración de los laterales, muy corroída por la mala calidad de la piedra, corresponde a la mitad del siglo IX y a la ampliación del precalifa Abderrahman II, lo que confirma la inscripción árabe que recorre el intradós de la arcada principal y termina en banda horizontal por el centro del tímpano, la cual corresponde al emir Mohamed I, hijo del anterior, que terminó dicha ampliación y expresa la fecha de 241 de la hégira, 855 cristiano.

Recientemente han sido hallados, al remover el subsuelo interior, restos arquitectónicos de la portada homóloga que se abría al primitivo costado Oriental, mejor conservados, y que reproducen la misma decoración de esta portada. Están expuestos sobre unas pilastras aproximadamente en el lugar que fueron hallados. El autor

árabe Aben Adari dice que en esta ocasión se hicieron por vez primera en la Mezquita labores en la piedra.

Esta portada de San Esteban ha sufrido muchas reformas, posiblemente algunas en la época árabe, como son los tres arquitos ciegos que cubren el arco principal, y este mismo se restauró con mimo en el siglo XIX.

Corriendo el muro hacia Mediodía se encuentra otra portada, con pobre decoración gótica, llamada hoy postigo de San Miguel, que corresponde a un primer pasadizo que hizo el califa Abdaláh entre su Alcázar y la Mezquita para entrar en el templo sin mezclarse con el gentío, y consistía en un gran arco sobre la calle, bajo el cual transitaban las gentes. Este primer pasadizo fue destruido un siglo más tarde al hacer Alháquem II su ampliación y construir otro pasadizo al final de la vía en el extremo de la Mezquita.

Ya se ha dicho que en el tiempo de estos primeros emires y califas, frontero a la Mezquita, había una gran plaza, ocupada hoy por el Hospital de San Jacinto, construido en el siglo XVI con bellísima portada gótica, donde se hacían las paradas y guardas militares en la puerta principal del Alcázar, que era llamada con nombre latino Bab Curia o Puerta de la Curia, porque daba acceso a las oficinas o partes administrativas del palacio Califal.

LAS PORTADAS DE ALHAQUEM II

Las tres siguientes portadas, ricamente decoradas, pertenecen a la fastuosa ampliación de Alháquem II. Tienen sus correspondientes en lo que fue fachada Oriental de esta ampliación, mutiladas y ocultas por la ampliación de Almanzor hecha veinte años escasos después, por lo cual han conservado los restos de ellas, lejos de las inclemencias del tiempo, su fina labra y el sencillo colorido de sus fondos, especialmente la más meridional y extrema, llamada corrientemente la Puerta del Chocolate, por haber estado dentro de una estancia donde se reunían los canónigos para ligeras refacciones, y cuya puerta ha servido de modelo a los restauradores modernos para la obra de las exteriores.

Efectivamente, las tres portadas exteriores llegaron a nuestros días muy deterioradas por los temporales de Poniente que azotan esa fachada, y menos la central de ellas y a excepción de la arcada central, habían sido repelladas y oculta gran parte de su decoración semidestruida.

Ha sido una admirable labor restauradora devolverles su composición primitiva, hecha por el arquitecto Velázquez Bosco y el magnífico escultor cordobés Mateo Inurria, por lo cual la refacción moderna supera con mucho la delicada labor antigua. También el restaurador se ha permitido alguna licencia, como la de labrar alguna inscripción, en sustitución de las barridas por el tiempo, con texto moderno en letras árabes (aljamiado) en el que declara que fue restaurada en tiempos del «sultán Alfonso hijo de Alfonso» o sea el Rey Alfonso XIII, siendo su ministro Faustino Rodríguez Sampedro.

La restauración, por lo demás, ha sido magnífica y ha devuelto al arte universal una de sus mejores páginas.

El arco principal tiene dos ventanas ciegas a sus lados, bajo arco sobremontadas a su vez por otros dos vanos con elegante arco angrelado y celosía de mármol, adornado todo ello con primorosa decoración califal, de origen bizantino, en piedra y tímpanos de mosaico de ladrillo rojo.

Pero lo más atrayente de estas portadas es la pequeña arquería entrecruzada que sobremonta el arco principal, y sus arquitos de herradura al cruzarse dibujan ya la ojiva tumida que ha de tener tan fecundas consecuencias en los estilos gótico y mudéjar.

Ese entrecruzamiento de arcadas, tan característico del arte del Califato de Córdoba, tanto en lo constructivo como en lo deco-

9. *En el interior del templo quedan restos de viejas portadas árabes que fueron rotas al hacer la ampliación de Almanzor.* ▶

10. *La sencilla Puerta de los Deanes da ingreso al Patio de los Naranjos. Al fondo, un monumento o Triunfo a San Rafael, Arcángel Custodio de la ciudad, erigido en el siglo XVIII.*

rativo, parece que tiene en Mesopotamia, el Irak actual, remotísimos y simples antecedentes, pero donde adquirió plenos timbres estilísticos ha sido en estos monumentos de los Omeyas andaluces.

De estas tres magníficas portadas, la central sufrió una gran reforma gótica en el siglo xv, cuando los Reyes Católicos tuvieron en Córdoba su cuartel general para la conquista de Granada, y corresponde a la nave de iglesia interior. Es llamada Puerta de la Paloma, por la representación del Espíritu Santo inserta en la restauración cristiana. Arriba tiene cornisa con crestería almenada de tiempos árabes, señalando condición de entrada real.

Ya en el ángulo una pequeña puerta a cierta altura es la del antiguo pasadizo

(sabbath) árabe que comunicaba con el Alcázar.

LAS PORTADAS DEL FRENTE ORIENTAL

Así como las portadas del costado del Poniente ofrecen las vicisitudes históricas y por ende artísticas del templo, las del costado Oriental corresponden todas a un solo momento, el de la ampliación de Almanzor, en los años finales de nuestro siglo x, el cuarto de la hégira musulmana.

También han sido totalmente restauradas cinco de ellas, pero las dos más meridionales, siguen ofreciendo su lamentable estado ruinoso. Las inscripciones que ostentan estas fachadas son todas religiosas, y las suras

11. *Vista general de las portadas orientales de tiempos de Almanzor.*

o aleyas del Corán que copian han permitido rehacer las que tenían algún resto, aunque otras han sido dejadas en blanco, por ignorar cuáles fueren.

La belleza de las cinco portadas de este frente es equiparable a las de Alháquem II. En ellas parece volverse a un clasicismo mayor dentro del estilo califal, porque en los ventanales decorativos laterales aparece el ajimez o ventana gemela, de tan rancia tradición hispánica en el arte hispano-godo y en el mozárabe, así como la arquería superior no tiene arcos cruzados, sino de elegante herradura simple unos, alternando con los angrelados de la siguiente portada. El conjunto es igualmente de una belleza extraordinaria.

Señalemos como fechas de restauración que el último andamio de ella fue levantado el año 1914, casi en los mismos días que se declaraba la Primera Guerra Europea, y que sus autores fueron el arquitecto Velázquez Bosco y el escultor Inurria.

La lonja de este frente, que va aumentando en altura hacia Mediodía por el desnivel del terreno, fue pavimentada con losas de arenisca roja de Montoro.

El frente meridional de la Mezquita, fuertemente torreado, no tiene portadas ni decoraciones primitivas. Los siglos cristianos le añadieron unas balconadas hacia el ángulo sudoeste en el siglo XV, otra de piedra al respaldo del Sagrario, y un nicho con Virgen del Caminante, frontera a la Puerta del Puente (Bab Alcántara de los árabes) del siglo XVII. El miharab hace saliente al exte-

15

12. *Detalles de un ajimez, sin restaurar, en el costado oriental de la Mezquita.*

rior entre dos torreones pero en su línea, y los autores árabes dicen que en su promedio sustentaba una lápida de mármol con inscripción alusiva, que no existe.

EL PATIO DE LOS NARANJOS

El naranjo es nombre persa, y con el limonero y otros árboles de su familia no vino al Occidente hasta el siglo XI aproximadamente, por lo que en los tiempos áureos del Califato de Córdoba todavía no existía en nuestro país.

La designación de Patio de los Naranjos es cristiana, y al parecer, los primeros árboles de esta especie fueron plantados, después de la Reconquista, por Alfonso X el Sabio.

Cuando Abderrahman III amplía este patio lo plantó de olivos, cipreses y laureles. Los árabes le llamaban es-sahn, que equivale a la palabra española zaguán o patio de entrada.

Los patios de mezquita, además de tener valor para la oración lo mismo que el interior, tienen las fuentes o pilas de abluciones, donde se purifica el creyente antes del rezo. Posiblemente no queda ninguna original, salvo la que hay sobre una pilastra visigoda a la derecha de la entrada interior.

Las actuales fuentes son de tradición mudéjar, y la grande, con cuatro caños, netamente barroca, como otra más pequeña al borde de la lonja.

Para los musulmanes los patios de mezquita cumplen variadas funciones públicas, además de las religiosas. En la galería norte suelen acudir estudiantes y alfaquíes, y sobre ella suele estar emplazada la torre, por cuya razón son llamadas estas torres kotubas o kutubías, de la raíz káteb, estudiante.

En la galería oriental se instalaba, sentado en su estera y asistido generalmente de dos alguaciles, el juez de barrio, al que acudían los peticionarios, con curiosos detalles que pueden leerse en la anecdótica y sin igual «Historia de los jueces árabes de Córdoba», de Aljoxaní, muy divulgada en edición española.

En la galería Occidental daban sus conferencias los doctores o ulemas. En ella dictaba sus lecciones el célebre Averroes, cuando la plebe, azuzada por los intransigentes alfaquíes almohades, le persiguieron a pedradas, y hubo de huir, refugiándose en diversos lugares, hasta que llegó a Marruecos, donde le acogió benignamente y lo tuvo como consejero el sultán del siglo XII Yacub ben Yusuf.

Como el patio original del siglo VIII fue ampliado hacia el Norte en el siglo X, y hacia Oriente a finales de este mismo siglo por Almanzor, su arquitectura general ha sido algo modificada. En esta última parte hay un gran aljibe para almacenar agua.

16

Tiempos posteriores cristianos le han aña-
dido pilastras y cresterías góticas y han tapado la entrada de las naves para adosarles
capillas.

LA TORRE

La palabra menara, de donde alminar,
y más raro minarete, la aplican los árabes
al segundo cuerpo de la torre, a la cual
cuando es de gran tamaño, como la de esta
Mezquita cordobesa, le llamaban as-sumua.

Hubo una primera, correspondiente a la
mezquita primitiva, construida por Hixem I,
cuyo emplazamiento ha sido señalado modernamente con losas de granito gris, al
identificar su cimentación, unos diez metros
al sur de la actual (año 778).

Cuando Abderrahman III amplía el
patio hacia el Norte, construye un nuevo
alminar, que vino a ser el venerable abuelo
de todas las torres árabes del Occidente
musulmán, marcando su influjo además
en toda la Península en siglos posteriores,
como sucede con las torres mudéjares de
Aragón y Cataluña, y con algunas del
mediodía francés y las torres cuadradas
de los siglos XIII y XIV del norte de Italia.

Esta torre árabe perdura, como una
almendra dentro de su cáscara, en el interior de la actual torre barroca. En el
siglo XVII el arquitecto Hernán Ruiz la
aprisiona con fuertes muros en sus cuatro
costados y la eleva para formar los cuerpos
de campanas, algunas de éstas muy bellas.

Del aspecto árabe de la torre quedan dibujos y grabados que permiten su recons-
trucción ideal. Interiormente estaba for-
mada por dos escaleras gemelas adosadas,
que permitían subir por una y bajar por
otra sin encontrarse.

La actual apariencia barroca es airosa
y muy alabada por los historiadores de ese
estilo, como Otto Schubert, que llega a
considerarla como el más grandioso monumento de los tiempos de Nora. Corona
la torre actual un San Rafael, del escultor
Pedro de Paz, que fue colocado el año 1664.

13. *La calle central del Patio de los Naranjos, vista desde la escalinata de ingreso al templo por la Puerta del Perdón.*

15. *Interior de la galería occidental del Patio, donde se exhiben viejos tableros del artesonado, en la cual daban sus lecciones los sabios ulemas del Islam, y de la que salió apedreado por la plebe el gran Averroes.*

La torre árabe se remataba con el clásico vástago de cuatro bolas doradas insertas en un eje vertical terminado en una azucena plateada.

ARCO DE BENDICIONES Y LAPIDA ARABE

La puerta de entrada al interior de la Mezquita es llamada Arco de las Bendiciones porque en los tiempos de la Reconquista ahí se bendecían las banderas que iban a la guerra de Granada. Es de recordar que desde que se conquistan Córdoba (1236) y Sevilla (1248), hasta la conquista de Granada (1492) transcurren dos siglos y medio aproximadamente, durante los cuales toda la comarca cordobesa y la propia capital es fronteriza con los moros y constantemente sufre ataques y depredaciones.

En este Arco de Bendiciones se aprecian dos arcadas, la más externa, construida por Abderrahman III en el siglo x y la interior, más primitiva, construida por Abderrahman I a fines del siglo VIII. La crujía entera de la primera sirvió para contener el desplome de la primitiva, que se aprecia a simple vista y comprende toda la crujía de fachada.

Es aún más notable la diferencia de estilo en los capiteles, que son godos los más viejos, con la cruz bizantina de brazos iguales picada por los islamitas, y califales los segundos.

De tal obra, así como de la ampliación del patio hacia el Norte, da cuenta la bella lápida fijada en este muro, que en letras cúficas dice en traducción castellana:

14. *Galería norte del Patio de los Naranjos, con mucha reforma cristiana, así como la hermosa torre de apariencia barroca.*

16. *Vista general de la primera mezquita construida por Abderrahman I, con su variada colección de capiteles romanos y bizantinos.*

17. *Nave principal de la Mezquita, interrumpida por la gran construcción de la Catedral, y el miharab al fondo.*

En el nombre de Alah, el Clemente, el Misericordioso/mandó el siervo de Aláh, Abderrahman, Príncipe de los cre/yentes Annásir (Defensor) de la Ley de Aláh, prolongue Aláh sus días/edificar esta fachada y afirmar sus cimientos/para honor de las ceremonias (del culto) de Aláh y conser/vación de sus sagradas profecías que Aláh permitió fuesen ensalzadas y recor/dadas juntamente con su nombre por lo que espera/gratitud, grandes mercedes y tesoros juntamente con/permanente gloria, prosperidad y alto renombre. Y se acabó/esto con el auxilio de Aláh en la luna de Dulhichia/del año trescientos cuarenta y seis bajo la/dirección de su liberto (maula) guazir y mayordomo de su casa (háchib)/Abdaláh ben Bedr. Lo hizo Said ben Ayub.

En esta portada se han colocado dos columnas miliarias romanas halladas al hacer los cimientos del crucero catedralicio en el siglo XVI, y sobre la misma fachada aparecen otras halladas en otros lugares cordobeses.

La decoración plateresca que ostenta esta portada la hizo en 1531 el obispo Fray Juan de Toledo.

Es un problema todavía no aclarado, si las diecinueve portadas de las naves que se abrían al patio tuvieron cortinas, celosías, puertas chapadas de bronce o totalmente abiertas.

LA MEZQUITA DE ABDERRAHMAN I

La Mezquita de Córdoba fue primeramente un cuadrado de 73 metros de ancho por 74 de fondo aproximadamente, dividido casi exactamente por su mitad en patio y chami o templo techado.

Los arqueólogos discuten los antecedentes de la Mezquita de Córdoba, porque las primeras mezquitas orientales se formaron por una sucesión de naves paralelas al miharab, en tanto que esta de Córdoba confirma la construcción de naves longitudinales.

18. *Fuste columnario del siglo IX, típica muestra del arte bizantino, posible regalo del Emperador cristiano de Bizancio, al Emir Abderrahman II.*

20. *La misma columnata apreciada en diagonal, con capiteles corintios en fuste azul y compuestos en fuste rosa.*

Una nave central, en cuyo fondo estaba el miharab de la orientación, con cinco laterales, hacen el total de once que formaron esta primera mezquita. Se ha discutido si fueron cuatro de cada lado, adicionándole dos extremas, al hacer la primera ampliación, pero ello es tan dubitativo como los datos arqueológicos e históricos en que se funda aquella suposición.

Estas naves están formadas por una serie de columnatas, apoyadas en elegantes fustes columnarios sobre los que se levantan dos series de arcos, el inferior de herradura, el superior de medio punto. Esta disposición, en la que el arco inferior obra a manera de entibo, es una de las mayores originalidades de la Mezquita cordobesa, que le concede especial gracia y airosa elegancia. Para establecer el contraste, recordemos que otras muchas mezquitas se apoyan en pilares de piedra o ladrillo, entibando con gruesos maderos que forman un emparrillado poco agradable.

Los arcos, además, están formados por dovelas de piedra amarillenta, la caliza franca de Córdoba, alternando con otras rojas de ladrillo, cuya disposición y bicromía, que tiene sus antecedentes godos en la misma Córdoba, continuando, como el mismo arco de herradura, una tradición anterior a la invasión árabe, trasciende ampliamente no sólo en todo el territorio nacional, sino que sale de las fronteras, con mayor influencia, lógicamente, hacia el Sur en todo el norte africano.

LAS AMPLIACIONES

Conforme crecía Córdoba, como capital del imperio árabe hispano, los sucesivos emires y califas fueron ampliando la Mezquita, como hizo Abderrahman II, en 848, Abderrahman III (sólo el patio y la torre) en 951, Alháquem II en 961-970, y por fin Almanzor en 987.

Las primeras ampliaciones se hacen en sentido longitudinal, siempre con la misma anchura, pero la última de Almanzor se hace sobre el costado oriental, casi en un

19. *Aspecto parcial de la ampliación de Alháquem II, con hermosa columnata de fustes rosados de Cabra alternando con mármol azul de Córdoba.*

21. *El trascoro de la Catedral fue decorado bellamente en la primera mitad del siglo XVI, construyendo tres capillas con relieves de alabastro de factura italiana.*

cuarenta por ciento del total. El conjunto resulta un casi cuadrado que ocupa 23.400 metros superficiales.

Las dos primeras partes de la Mezquita se hacen con materiales de edificios anteriores, y las dos segundas con materiales labrados expresamente.

Es sabido que las columnatas de la primera parte proceden en su mayor parte del anterior templo cristiano, especialmente la nave central, de hermosos fustes de mármol rosado de Cabra. En sus diez laterales, cinco de cada lado, alternan columnas del mismo mármol con las de granito gris, cuya procedencia se ignora, ya que tal piedra es del norte de la provincia, el Valle de los Pedroches.

En la ampliación de Abderrahman II, que añade ocho arcadas a las doce anteriores,

hay columnas de muy variada naturaleza, y muchas de mármoles grises, traídas expresamente al destruir el teatro romano de Mérida, donde Abderrahman II construyó la gran alcazaba (por él llamada hisn o fortaleza), que defiende el gran puente sobre el Guadiana. La tradición recuerda que este emir poseía un elefante africano domesticado que trajo muchas columnas al arrastre, y cuando murió el animal hizo colgar uno de sus colmillos del techo (que aún subsiste) y colocó una lápida en la pared relatando este servicio, cuya lápida ha desaparecido.

En la ampliación de Alháquem II, que la forman doce nuevas arcadas, las columnas, sacadas expresamente de cantera, alternan las de mármol azul de Córdoba con las del mármol rosado de Cabra, produciendo bello efecto. Vistas en diagonal son todas del mismo color.

La ampliación de Almanzor ofrece también columnas de igual mármol azul, que alternan con otras pardas, procedentes ambas de las calizas cambrianas de la sierra de Córdoba, pero sus fustes carecen de la robusta elegancia de los anteriores. Recordemos anecdóticamente que Almanzor trabajó personalmente en esta ampliación de la mezquita para congraciarse con la divinidad y redimir sus pecados. Es de recordar también la anécdota de una anciana cuya casa quedó comprendida en la expropiación dictada por Almanzor para la ampliación de la Mezquita y no cedía en su pretensión de conservar la casa de sus padres y la palmera del patio, a cuya sombra reposaba, hasta que el gran gobernante, además de indemnizarla fuertemente, la hizo construir en lugar elegido por ella una casa exactamente igual y le trasplantó la palmera querida al nuevo patio.

En algunas columnas aparece el nombre del cantero que las labró, y en los siglos cristianos les grabaron toscamente cristos y vírgenes que son motivo de piadosas leyendas populares. Tanto árabes como cristianos han creído siempre ver rostros y letreros en las vetas naturales de la piedra.

22. *Costado del domo o alcobba de ingreso a la ampliación de Alháquem II, con noble entrecruzamiento de arquerías.*

24. *La nave principal de la Mezquita en el tramo correspondiente a la notable ampliación de Alháquem al Mustansir biláh.*

LOS LUCERNARIOS

Un relato de «Las Mil y Una Noches» dice que en tierras de Occidente hay una hermosa mezquita en cuya nave central se abren tres alcobbas o cúpulas por cuyos ventanales se derrama la luz divina sobre los creyentes. Esta es la Mezquita cordobesa.

La primera cúpula lucernaria se levantaba sobre las tres arquerías terminales de la primera construcción de Abderrahman I, delante de su miharab. Hoy la sustituye el magnífico artesonado árabe que se ha reconstituido en toda esa nave central. Un hermoso arco de herradura, recubierto hoy de adornos góticos, el primero que corta la nave transversalmente, le daba apoyo

por el lado norte, el mismo que daría ingreso a la posible primera macsura o recinto reservado al Califa y su séquito.

El segundo lucernario abre la ampliación de Alháquem II, dándole ingreso uno de los más espléndidos arcos angrelados del templo y apoyándose en arquerías entrelazadas, cada una de las cuales es verdadera joya de la arquitectura universal. El costado Occidental desapareció en tiempo de los Reyes Católicos al levantarse la primera nave de iglesia-catedral, y el costado Oriental está tabicado en su parte inferior para formar una especie de cripta que sirvió de panteón real desde el siglo XIV, donde fueron enterrados los Reyes de Castilla Fernando IV y su hijo Alfonso XI,

23. *La más bella arquería entrelazada de la Mezquita, daba ingreso a la Macsura, reservada al Califa y su corte.*

cuyos sepulcros yacen hoy en la Real Colegiata de San Hipólito fundada con este fin. Está cubierto este recinto de una cúpula sobre arcos cruzados, de los que luego hablaremos, y todo él conserva el nombre de Capilla de Villaviciosa, porque durante siglos estuvo en ella el gran altar de la nave catedralicia de su costado, en la cual estuvo la Virgen de esa advocación, hoy en el altar mayor de la segunda catedral. Cuando fue restaurado este recinto a fines del siglo XIX se empezaron a restaurar las pinturas que recubrían la arquería cruzada de la bóveda, que se rasparon después impremeditadamente por discusiones arqueológicas.

El tercer lucernario se levanta en el vestíbulo del tercer y actual miharab. También sobre crucerías de arcos en paredes y techumbre, y cubierto por una cúpula gallonada admirable. El conjunto, recubierto de mosaico bizantino, regalo especial del Emperador Constantino Porfirogénito, es una de las maravillas del arte mundial. Como para los árabes la palabra mosaico es extraña, le llamaron a ese material mufasah, foseifas y vocablos parecidos. Su costado meridional o alkibla lo forma la fachada sin par del miharab, que refleja las luces multicolores del mosaico y numerosas inscripciones, que lo constituyen en joya sin igual.

LAS BOVEDAS SOBRE ARCOS

La arquitectura más original de la Mezquita de Córdoba acaso está en las bóvedas que cubren esos lucernarios que hay en la nave principal y en alguna de sus laterales, las cuales eran llamadas en árabe «al-cobba», o cúpula, de donde deriva la palabra española «alcoba».

Estas cúpulas árabes se construyen levantando arquerías de piedra sobre los muros, que se entrecruzan entre sí con las más diversas combinaciones geométricas, dejando pequeños espacios lacunares, que se rellenan de mampuesto, pero se decoran en forma de cupulines o de conchas, siendo desiguales todas ellas en cuanto a su tracería y decoración, tanto las formales o constructivas, como los cupulinos de adorno.

El origen de estas bóvedas sobre arcos hasta ahora es desconocido, porque las halladas en algún país de Oriente son posteriores. Lo que hace más verosímil su importación es que aquí aparecen en pleno desarrollo evolutivo, sin los balbuceos de todo inicio. Las hipótesis se dividen entre un lejano origen iranio, no comprobado, y una tradición local cuya filiación se ha perdido.

El hecho incuestionable es que estas primeras bóvedas sobre arcos que aparecen con toda plenitud en la Mezquita cordobesa, como tantos otros elementos de cultura, se transmiten a los países europeos, y por el arte mozárabe y la ruta jacobea se difunden hacia el norte, dando un siglo después hermosos ejemplos en el arte mozárabe y más tarde heredadas en el arte gótico del centro de Europa, donde ya sólo son arquerías decorativas, las clásicas nervaduras del arte ojival, siguiendo la trayectoria de todo elemento que fue constructivo y termina sirviendo de adorno, en lejana herencia de sus antepasados.

Hoy sólo existen cuatro bóvedas califales sobre arcos en la Mezquita de Córdoba, tres delante del miharab y una en el mismo eje de la nave principal. Pero es seguro que esta última tuvo sus laterales como las que preceden al miharab, tanto porque en las mezquitas de este tipo, del siglo X, la cabecera era análoga a los pies del edificio, y Alháquem II, el califa constructor y sus alarifes se atuvieron a este principio, cuanto subsisten viejas relaciones descriptivas de la Mezquita-Catedral, que describen estos tres domos o cúpulas, por haberlos visto sus autores. La del lado occidental fue destruida a fines del siglo XV, en tiempo de los Reyes Católicos, al construir una primera nave de catedral dentro de la Mezquita; y la del lado oriental acaso subsiste desfigurada por la exhuberante decoración mudéjar de la capilla Real que construyó Enrique II en el siglo XIV.

Por tanto, en la Historia general del Arte,

la Mezquita de Córdoba, llegada a nuestros días casi intacta, es un rico filón que suministra elementos de primera mano para conocer las evoluciones estilísticas y confirma una vez más el papel de nuestra Península como transmisora de cultura.

LA KIBLA

La kibla, o mediodía, es por antonomasia en las mezquitas, el muro meridional donde se abre el miharab.

Aquí en Córdoba, el muro de la kibla presenta tres portadas ricamente decoradas con mosaico bizantino, la central del miharab, y dos laterales más pequeñas, la de su izquierda que da ingreso al sabbath o pasadizo por donde el Califa aparecía en el templo procedente de su alcázar, y la de su derecha, que entra en una habitación, donde los mocadenes o sacristanes guardaban lámparas y otros objetos del culto. Hoy muy transformada en capilla barroca y sirve de Sala Capitular.

Esta última portada es totalmente moderna, hecha en talleres españoles a principios de siglo copiando su análoga, porque cuando se quitó del lugar que ocupa, el gran cuadro de La Cena, de Céspedes, que daba nombre a esa capilla o recinto, no había nada detrás, o sea había sido destruida. En cuanto al de ingreso al sabbath, también tiene sus partes bajas restauradas, incluso el hueco por donde se guardaba el mimbar o púlpito.

Este muro de la kibla soporta las tres grandes cobbas o cúpulas que forman vestíbulo al miharab, y el juego de sus arquerías las sostiene con elegancia sin igual.

La central, de maravillosa riqueza decorativa en mosaico, va resolviendo los problemas arquitectónicos con arquerías enlazadas sobre columnillas y pechinas, dejando huecos para celosías de mármol, y cubriéndose con la bovedita de gallones del centro. Una cornisa de filo blanquecino que bordea esa cúpula, no es de mosaico, sino que cada trozo de su costado octogonal es una soberbia pieza cerámica con decoración dorada o de reflejo metálico, cuya presencia en esta construcción del siglo X ha descubierto un origen muy anterior al conocido para las obras malagueñas y granadinas del siglo XIV.

Del centro de la cúpula gallonada pende una cadena dorada, que en sus tiempos sostenía una gran lámpara de plata o atanor, con mil vasillos de cristal para mecheros de aceite, así como otras dos en las laterales.

Señalamos los dos grandes paneles de decoración sobre mármol que de cada lado forman las jambas del gran arco del miharab, cuya labor representa un motivo oriental de tradición milenaria, el hom o árbol de la vida, formado por un tallo que produce ramos entrelazados con follaje y frutos simbólicos, y hasta animales en las postrimerías del arte califal, porque ese modelo se repite estilísticamente en Medina Azahara y grandes construcciones palatinas de la época.

Las arquerías y cúpulas de estos domos no recubiertas de mosaico estuvieron pintadas, con dibujos y colores entonados con aquél, y sus restos todavía los descubre un atento examen visual.

EL MIHARAB

En toda mezquita es parte esencial el miharab o nicho de la orientación, que señala al creyente la dirección de La Meca, hacia la cual debe dirigir sus rezos. En muchas mezquitas del mundo islámico el miharab es un nicho o alacena en la pared, pero en la de Córdoba es una pequeña habitación que recuerda las capillas cristianas, cuyo influjo es discutido.

Como fueron de origen sirio los que ordenaron la construcción de esta Mezquita cordobesa, la orientación se dió al Sur, como otras del Occidente, aunque más adelante (la misma mezquita de Medina Azahara, construida en 940) están correctamente orientadas al sudeste.

Cuentan los cronistas que el mismo día que murió el gran Califa Abderrahman III, su hijo y sucesor

26. *Pilastra del vestíbulo del miharab con arranque de arquerías.*

reunió el Consejo de visires o ministros para tomar dos acuerdos fundamentales, el protocolo de trasladar el cadáver a la rauda o cementerio real en el Alcázar de Córdoba, y la ampliación de la Mezquita, proponiendo en el último caso la demolición de las partes antiguas, por su incorrecta orientación, o la ampliación en el sentido anterior. El caso fue muy discutido y lo resolvió el gran juez de Córdoba Mohamed el Balutí, quien «se mojó la barba en lágrimas» y pidió la orientación anterior, ya que Aláh había escuchado las oraciones de sus antecesores llenándoles de favores y grandezas. Se dice también que por esta orientación incorrecta para la liturgia musulmana fue debido que los intransigentes almohades, en el siglo XII, no querían rezar en la mezquita de Córdoba y establecieron en Sevilla la capital del Andalus. Por su estructura absidial, tanto el miharab de la primera mezquita como los dos sucesivos, hacían saliente al exterior, reconocibles los dos primeros en excavaciones arqueológicas pertinentes.

Los cronistas relatan cómo en la construcción del último y actual, la pareja de columnas y sus capiteles que sustentan el arco principal del miharab fueron desmontadas del anterior, y efectivamente constituyen típicos ejemplares del siglo IX. Las columnas de blanco alabastro, con bellas acanaladuras que flanquean aquel segundo miharab, parecen proceder del mismo Bizancio, como regalo de aquellos emperadores.

El gran arco del miharab actual está totalmente revestido de mosaico bizantino. Desde la Edad Media estuvo tapado por un retablo de madera con tablas valiosas, pero al quitarlo, a fines del siglo XVIII, se halló que en las partes bajas estaba destruido casi en un metro de altura, confiando el Cabildo la restauración al violinista Pompeyo, ducho en artesanías, quien hizo la reforma con dibujos barrocos y trocitos de cristal, lo que da reflejos luminosos contrarios, aunque el conjunto sea agradable a la vista.

27. *Cúpula lateral en el vestíbulo del miharab, con arquería entrelazada.*

29. *Frente alto de la fachada del miharab, en el que inscripciones y mosaicos se armonizan en deliciosas combinaciones.*

Las dos parejas de columnitas que soportan el gran arco, proceden igualmente del miharab del siglo IX y son dos de color azulado y otras dos de mármol rosado muy brechoso (amanzanado le llaman los cronistas árabes). Sus capiteles son típicos modelos del siglo señalado.

LAS GRANDES LAPIDAS CUFICAS

En esta Mezquita cordobesa se conservan casi todas las inscripciones fijadas en la época árabe. La más hermosa es la que existe en la Capilla de Villaviciosa, escrita en elegantes caracteres cúficos (cuyo nombre deriva de Kufa, la ciudad de Persia), como corresponde a todo texto de la religión islámica. Esta lápida, originariamente fijada en el muro de la kibla, fue arrancada en el siglo XVII para labrar en su dorso el laude funerario de un canónigo, pero el año 1897, iniciadas las restauraciones modernas, fue redescubierta al remover la

pavimentación. La traducción de esta hermosa lápida es la siguiente:

En el nombre de Aláh, el Misericordioso, el Clemente. Confiesa ante Aláh que ciertamente no hay otro Dios sino El. Los ángeles y los que invocan la sabiduría eterna y la justicia, repiten también, no hay otro Dios sino El, el Omnipotente, el Sabio. Lo que decreta Aláh se cumple. No hay fuerza y poder sino en Aláh. La bendición de Aláh sobre Mahoma, último de los Profetas y Príncipe de los enviados. Reverenciado sea en el Universo. Mandó el Imam, siervo de Aláh, Alháquem al Mustansir biláh, Príncipe de los creyentes, sucesor en su fé, vicario suyo entre sus siervos, guardador de sus preceptos, defensor de sus prohibiciones y agradecido por sus beneficios, hacer esta ampliación, la cual quedó terminada por auxilio de Aláh y por su orden, bajo la dirección de su liberto y háchib Cháfar ben Abderrahman, com-

30. *El gran arco del miharab, de prodigiosa decoración en polícromo mosaico, enmarcado por elegantes letreros cúficos.* ▶

◀ **28.** *La magnífica cúpula central de la kibla, revestida de mosaico bizantino, que es una de las joyas del arte universal.*

31. *Par de columnas del siglo IX que apean el arco del miharab.*

plázcase Aláh en él, con aspecto de fortaleza y complemento de sus arcadas en el año trescientos cincuenta y ocho (971 de J.C.). Alabado sea Aláh Señor del Universo.

Las hermosas letras con que aparece grabada esta lápida, hacen de ella un documento epigráfico de primer orden, utilizado hoy en las universidades musulmanas.

Otras lápidas que aparecen fijadas en este lugar son de interés secundario, una visigoda, otras góticas, y dos árabes traídas de territorio granadino, que son funerarias de caudillos moros.

LAS INSCRIPCIONES DEL MIHARAB

La Mezquita de Córdoba tiene numerosas inscripciones, algunas desaparecidas, pero subsisten las suficientes, de valor religioso y sobre todo histórico, que le dan subido valor. Precisamente la proliferación de nombres de califas, ministros y personajes, hacen sospechosa de irreligiosidad esta liberalidad nominativa para los islámicos que desean que en el templo solo figure el nombre de Aláh.

El frente del miharab es rico en letreros formados con el mismo mosaico bizantino. Sobre el gran arco hay un letrero de signos azules intensos sobre fondo dorado, que señala los primeros de los cien nombres de Aláh. Su traducción es:

En el nombre de Aláh, el Clemente, el Misericordioso, fuera de quien no hay otro Dios, el Rey, el Santo, el Salvador, el Fiel, el Custodio, el Fuerte, el Poderoso, el Excelso, bendito Aláh, lejos de El los dioses que le asocian.

32. *Magnífico panel decorativo labrado en mármol que forma jamba en el miharab.*

El gran letrero dorado sobre fondo azul cobalto, que recuadra el gran arco del miharab en dos líneas paralelas, aunque mutilado en sus partes bajas, tiene la siguiente traducción del original:

...Aláh es conocedor de las cosas ocultas y manifiestas, El es el poderoso, el lleno de piedad, El es el vivo. No hay otro Dios que El. Invocadle ofreciéndole un culto puro. Alabado sea Aláh Señor del Universo. Bendito sea el Imam al

33. *Gran concha de una sola pieza que cubre el interior del miharab.*

34. *Interior octogonal del miharab, donde se depositaba el Corán Sagrado, en cuyo recinto sólo entraba el Imam como sacerdote supremo del Islam.*

Mustansir biláh, siervo de Aláh, Alháquem, Príncipe de los Creyentes, prospérele Aláh = por la obra de este templo santo que excede a toda otra construcción memorable en la amplitud para la comodidad... = ...lo que hay sobre ellos y sobre él de adornos y se concluyó su construcción por su virtud y mandato. La bendición de Aláh sea sobre Mahoma. Salud = Mandó el Imam al Mustansir biláh siervo de Aláh, Príncipe de los creyentes, ensálcele Aláh, a su liberto y háchib Cháfar ben Abderrahman, compadézcale Aláh, disponer la construcción de este templo y se terminó con el auxilio de Aláh = bajo la inspección de Mohamed ben Támlih, Ahmed ben Nassar, Jayd ben Háxim, de la guardia del Prefecto y de Motárrif...

Por fin, en letras doradas sobre fondo rojo, en las impostas del mismo gran arco, hay una inscripción, que empieza en la derecha del observador y termina en la izquierda, cuya traducción es:

En el nombre de Aláh el Misericordioso, el Clemente, loor a Aláh quien nos guió a este sitio pues no podríamos nosotros ser guiados si no nos guiase Aláh. Para esto fue enviado el legado de nuestro Señor con la verdad. Mandó el Imam al Mustansir biláh, siervo de Aláh, Alháquem, Príncipe de los creyentes = favorézcale Aláh, a su liberto y háchib Cháfar ben Abderrahman, complázcase Aláh en él, añadir estos dos soportes a lo que se construyó con el santo temor de Aláh y con su auxilio. Se concluyó en la luna de dulhicha del año cuatro y cincuenta y tres cientos (354 H. 964 C).

En el interior del miharab hay otras inscripciones, así como en toda la cobba interior, al pie de las columnitas y en los más diversos lugares, que son alabanzas a Aláh, recuerdo de las preces, y firmas de los autores de la decoración, pero todas coinciden en el sentido de las anteriores, como apropiadas al sitio en que están puestas.

LOS CAPITELES DE LA MEZQUITA

En la severidad monótona de la Mezquita, la serie de capiteles, considerada en conjunto, constituye un verdadero museo vivo de arqueología.

En sus primeras partes hay capiteles romanos puros, de la más bella traza, y luego toda la gama de tardo romanos o paleocristianos que perduran y alargan el módulo clásico, con influencias más bien europeas, que recuerdan los tiempos merovingios y carolingios, aún en Francia mal conocidos y de clasificación difícil.

Con ellos alternan los bizantinos, algunos también de pureza clásica en tal estilo, reconocibles por su forma prismática y decoración en palmetas, y las mezclas de ambos, porque no se olvide que en esta primera época casi todos son de acarreo, o

43

sea procedentes de otros edificios, aunque en su mayor parte de la basílica cristiana anterior.

En la ampliación de Abderrahman II, en la segunda mitad del siglo IX, hay también capiteles romanos puros y posromanos, habiendo de tener presente que en este reinado se copiaban los capiteles clásicos de modo riguroso. Pero en este tiempo entra una corriente oriental, más bien mesopotámica que siria, Bagdad ha vencido a Damasco, que se acusa en decoraciones en forma de cesto, ábaco acanalado y otros signos descritos por el maestro Gómez Moreno, quien llega a señalar once capiteles labrados exprofeso, entre ellos los cuatro del arco del gran mihrab, que sirven de modelo.

En la espléndida ampliación de Alháquem II, todos los capiteles, de tradición clásica, carecen de decoración, acaso por la austeridad del edificio religioso, porque hay que tener presente que este Califa y la gran escuela de alarifes y decoradores contemporáneos acaban de construir la gran ciudad palatina de Medina Azahara, y aún no cesaban de reformarla constantemente. Entre estos capiteles no hay más variante que la del corintio sobre las columnas azules y los compuestos sobre las rosadas. Algunos tienen ligeras rayas de pintura roja sobre sus pencas.

La ampliación de Almanzor ofrece también, como construcción de elementos originales, capiteles análogos a los anteriores, sin decoración, todos iguales, salvo que, contrariamente a la anterior, los compuestos están sobre fuste azul y los corintios simples sobre la columna pardo rojiza. Puede asegurarse que cuando estas alternaciones faltan, las columnas han sido removidas en tiempos posteriores.

Ciertamente en las columnas de la Mezquita cordobesa es donde puede seguirse mejor la evolución del capitel, desde los tipos romanos puros hasta las formas califales clásicas.

35. *Arco de entrada al sabbath que comunicaba con el Alcázar califal.*

44

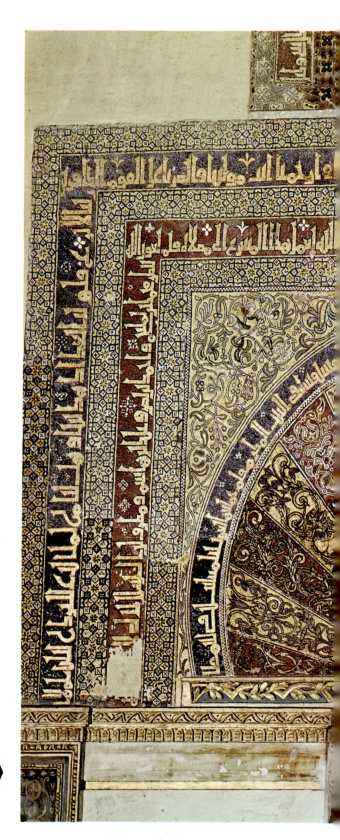

LOS ARTESONADOS

Toda la Mezquita, desde el punto de vista estilístico, es un resumen de la Alta Edad Media, cuyos elementos originales se reconocen, tanto en Europa como en Oriente, y radicados por regla general en nuestra Península en el período que se ha llamado latino-bizantino, para transformarse paulatinamente en el árabe-bizantino.

A esto hace excepción la techumbre general del templo, los artesonados, de notable origen sirio, que desde ahora toman naturaleza en España y darán origen a la gran escuela hispana de la carpintería de lo blanco.

Pero estas techumbres planas, de grandes tableros, labrados y pintados, sobre gruesas vigas también decoradas, puede decirse que son el único elemento francamente extranjero, de la Mezquita cordobesa, que pronto toma carta de naturaleza y alcanza el clasicismo en nuestro país.

La decoración de tales tableros y vigas es de amplios y sencillos lazos geométricos, con escasos temas vegetales y rebordeada de la franja de rosetas tan típica de lo bizantino. Los fondos están pintados de rojo, azul y verde, con amarillos y algún dorado sobre todo en las rosetas. El efecto de conjunto, con su lacería y policromía, es encantador.

A lo largo de la nave y transversalmente a la viguería, corría un estrecho tablero o alicer, también decorado y con versículos alcoránicos, que cerraba al artesón con una tabica, y no ha sido colocado en la restauración moderna, que muestra desnudos los cabezales de las vigas, falto de ese detalle. Todo el artesonado conocido ahora parece obra de Alháquem II.

A principios del siglo XVIII, y con la excusa de ruina, se quitaron estos artesonados y se sustituyeron por bóvedas barrocas de cañizo y yeso, de las que subsisten gran parte. Las restauraciones modernas han permitido colocar otra vez muchos tableros originales, que habían sido abandonados o aprovechados en las alfardas del tejado. Hasta ahora se han reconocido más de setenta dibujos decorativos diversos. Algunos han sido colocados museísticamente en las galerías del Patio de los Naranjos. Los tableros que estaban muy dañados han sido copiados fielmente y repintados con colores originales por famosos artistas actuales.

LA ILUMINACION DE LA MEZQUITA

La iluminación natural de la Mezquita estaba suficientemente asegurada con las grandes arcadas de ingreso desde el patio, y los grandes ventanales con celosías al fondo de las naves con orientación al Mediodía. Además, las pequeñas celosías de los muros laterales contribuían a dar una luz rasante muy bella, que hoy se aprecia en la parte ampliada por Alháquem II, ya que la construcción de capillas cristianas cerró la mayoría de esas ventanas y hubieron de abrirse lucernarios en los techos, sobre todo cuando se construyeron las bóvedas barrocas a principios del siglo XVIII.

La iluminación artificial, muy alabada por los autores árabes y descrita con detalle, es de precisión litúrgica islámica, sobre todo durante todo el mes de ramadán. Aláh es la luz de los cielos y de la tierra, dice una sura del Corán, y en proveer de lámparas a las mezquitas se afanan todos los pueblos musulmanes, que llenan sus templos de lujosos lampadarios oficiales o de modestas luminarias que aporta el fiel creyente, muy necesarias para la última oración de la tarde y muchas veces para la primera de la mañana.

En todo el templo había centenares de lámparas, cuyo número es diferente según las épocas, citando unos 113, otros 280, y señalando Macari que solo de azófar o latón dorado había 224, todas con vasillos de vidrio para candilejas de aceite, de ninguna de las cuales ha subsistido ejemplar alguno.

36. Detalle del arco del sabbath, junto al cual estaba la puerta para guardar el mimbar o púlpito de las predicaciones.

37. *La hermosa lápida, en caracteres cúficos, que declara la ampliación de Alháquem II*

38. *Prototipos de capiteles que existen en la Mezquita: romano (1), bizantino (2), y califales (3 y 4) sin ornamentación. Sobre el último, en una cartela, la profesión de fe islámica: «No hay más Dios que Aláh y Mahoma es su Profeta».*

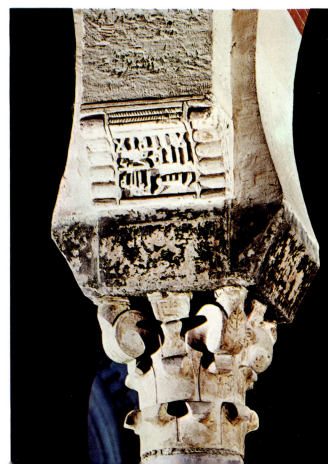

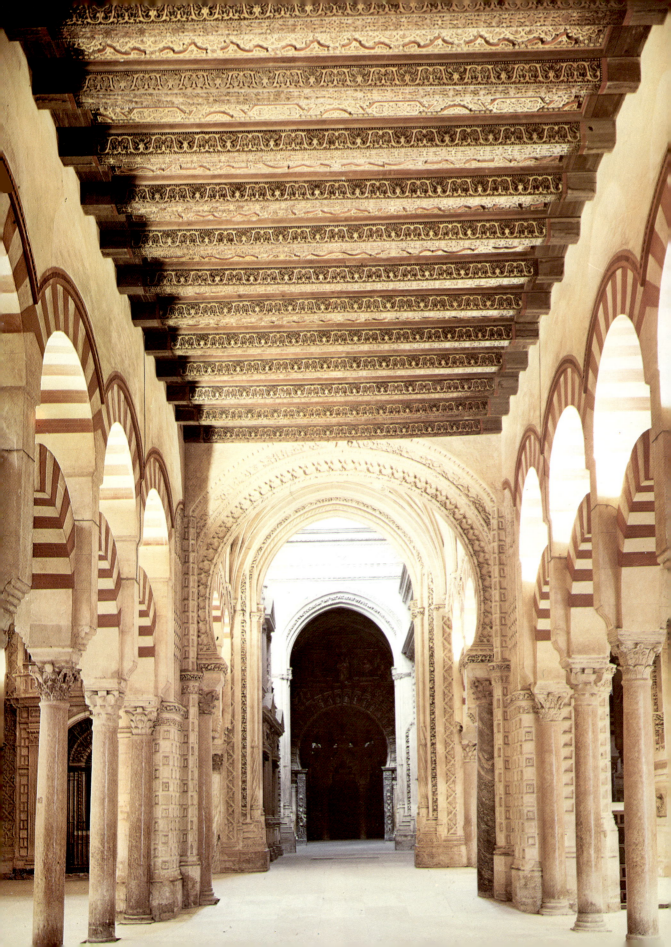

40. *El bellísimo artesonado, de tradición siria, con cerca de ochenta modelos diferentes de artístico trazado.*

39. *La nave central en su primer tramo, construida con elementos de la anterior basílica cristiana de San Vicente.*

Se derrochan las descripciones en las tres lámparas (turaia) de plata que había en las tres cobbas del antemiharab, especialmente la central (at-tannur), que sustentaba más de mil candilejas de aceite, y entre las tres ascendían a más de mil cuatrocientas.

El consumo de aceite es señalado con precisión por muchos autores, 24 libras cada noche y lámpara, siete arrobas el ramadán, y otros datos variados. Cuando Almanzor hizo traer las campanas de la catedral de Santiago de Compostela, las hizo colgar invertidas y llenas de aceite con lamparillas.

Los viernes ardían nueve grandes cirios de cera verde delante del miharab.

Los autores modernos ponderan también (Amador de los Ríos, Girault de Prangey, Torres Balbás) el maravilloso efecto de las luminarias sobre los dorados del artesonado y sobre todo en la policromía de los mosaicos bizantinos, que harían las formas más aéreas y sutiles, como se ha notado ampliamente al montar la iluminación indirecta el año 1970, que ha convertido los techos en algo verdaderamente fantástico.

LA PAVIMENTACION DE LA MEZQUITA

Problema arqueológico casi hasta nuestros días ha sido el de averiguar cómo estuvo pavimentada la Mezquita originalmente. A nuestros tiempos ha llegado solada de ladrillos y baldosas de barro cocido.

Cuando a fines del siglo XIX empezó la era oficial de las restauraciones, se empezó a pavimentar con grandes losas de mármol blanco, removiendo laudes y lápidas funerarias que los siglos cristianos habían sembrado profusamente en el templo. Muchas de ellas han sido colocadas en la nave gótica de la primera Capilla Mayor, aunque la mayoría ya estaban allí.

Algún cronista árabe habla enfáticamente del reflejo de la luz en el suelo del miharab, que parecía de plata, lo que hace suponer que allí había pavimento de mármol blanco;

desde luego lo hay en el interior y acaso lo hubo delante también, en la macsura o recinto reservado al Califa y su corte.

Por cierto, que ese pavimento del interior tiene en todo su derredor un rebaje superficial, a manera de surco amplio, sobre el cual hay la creencia popular de que fue producido por el paso de los peregrinos arrodillados en ese contorno. Nada más lejos de la realidad, porque allí sólo entraban el Imam o jefe religioso, que solía ser el mismo Califa o un sustituto de alta categoría, como el Juez de los Jueces (Cadí al-Codáa) o semejante. Precisamente ese surco o rebaje responde al precepto litúrgico de prever la caída al suelo del libro sagrado, el Corán, que siempre debía estar en nivel superior al de las plantas del Imam, impuras a pesar de su categoría.

El total de la Mezquita era terrizo, como el de otras muchas mezquitas del mundo islámico, ya que la oración ritual del buen musulmán exige el apoyo en tierra de la frente, la palma de la mano hasta el codo y asiento en el suelo. Claro que sobre la tierra se extendían alfombras, alcatifas, esteras y aun alfombrillas individuales (lebda) que muchos creyentes llevan bajo el brazo cuando acuden a las cinco oraciones rituales del día.

Uno de los servicios que tenía la mezquita era el de apisonar y regar el suelo terrizo para que no levantara polvo. En los archivos cordobeses existen las escrituras que cada cuatro años hacía el Cabildo, ya en tiempos cristianos, pagando tal servicio con el fruto de los naranjos del patio, ya que en las festividades y procesiones se levantaba en el interior una polvareda que dañaba vestiduras y objetos del culto.

Para solucionar ese inconveniente, el Cabildo obligó durante los siglos renacentistas a los fundadores de capillas y enterramientos, a pavimentar a su costa la nave que hubiera delante de su fundación, y así pudo solarse el extenso templo.

41. *El altar mayor de la Capilla Real decorada por Enrique II de Trastamara, en la segunda mitad del siglo XIV.*

42. *Bóveda de la Capilla Real, sobre cuya crucería árabe se hizo decoración mudéjar del siglo XIV.*

43. *Arco meridional de la Capilla Real con análoga decoración mudéjar del siglo XIV.*

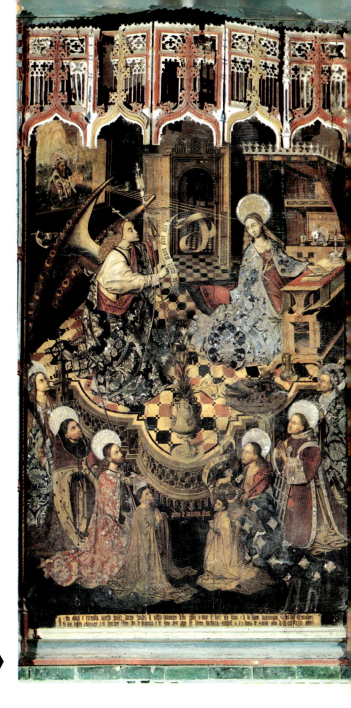

44. *Hermosa tabla gótica del siglo XV, firmada por Pedro de Córdoba, seguramente el mejor cuadro que guarda la Mezquita cordobesa.*

Modernamente han sido soladas con grandes losas de mármol blanco las tres partes más antiguas del templo, quedando de ladrillo la ampliación de Almanzor, por cierto con unas diferencias de nivel que ya igualó el Califa Abderrahman III, pero que las restauraciones modernas han vuelto a desnivelar innecesariamente.

LA COMUNICACION CON EL ALCAZAR DE LOS CALIFAS

Como la gran Mezquita Aljama y el Alcázar donde residieron los Califas, seguramente antigua Aula Visigoda y tal vez gran palacio romano anteriormente, tienen sus fachadas fronteras, aunque en ángulo

57

45. *La sin igual custodia gótica del siglo XVI, hermana de la toledana, obras ambas del orfebre alemán Enrique de Arfe.*

divergente hacia el Sur o Mediodía, el acceso del soberano y su corte al templo mayor, donde, al menos, los viernes, en calidad de Imam o superior sacerdote de la religión islámica, había de dirigir la oración, era fácil.

Pero en tiempos del Emir Abdalah, abuelo del gran Abderrahman III, fue construido entre ambos magnos edificios un pasadizo cubierto, bajo bóveda de piedra y formado por un gran arco sobre la calle, cuyas trazas arqueológicas subsisten y sus fortísimos cimientos. Ya se habló de este pasadizo o sabbath al describir el postigo de San Miguel, hecho a fines del siglo IX.

Al prolongar la Mezquita el Califa Alháquem II, aproximadamente un siglo después, derriba aquel primer pasadizo, y construye otro, que une los dos ángulos meridionales fronteros de Mezquita y Alcázar, formado por una verdadera galería sobre pilastras, a semejanza de una nave interior, y cristaleras por las que el pueblo veía pasar al soberano y su séquito.

Los viernes y días de festividades religiosas, la multitud se prosternaba con grandes alabanzas y frases religiosas, en tanto que los servidores arrojaban almudes de dirhemes, la moneda de plata equivalente a nuestra peseta o franco de tiempos normales.

Este corredor duró hasta el año 1610, en que mandó derribarlo, por su estado de ruina, el Obispo Fray Diego de Mardones. El pueblo cristiano le llamaba «los arquillos» y bajo ellos se desarrollaron a través de los siglos muchos episodios de la historia local, como el juramento del Campo de la Verdad, proferido por el Adalid cordobés Alfonso de Montemayor cuando defendió la ciudad contra los ejércitos coligados del sultán de Granada y Don Pedro el Cruel (1368).

Es curiosa la melancólica anécdota del último Califa de Córdoba, un Hixem III que reinó tres años entre rebeldías y convulsiones revolucionarias, que al ser depuesto y exiliado, respetada su vida por su bondad personal, pasó la última noche, con sus mujeres e hijos, en ese pasadizo, lóbrego y frío ya en el interior del templo, y pidió a los soldados que le custodiaban un pedazo de pan para los niños y unas mantas para abrigarse. Fue el desolado fin de una dinastía que había dado a Córdoba días de esplendorosas glorias y poderío.

46. *La majestuosa nave catedralicia construida dentro de la Mezquita, cuya obra empezó en el siglo XVI y contiene hermosas obras de arte, como el retablo de Palomino y el coro de Duque Cornejo.*

47. «*La Cena*», *del racionero cordobés Pablo de Céspedes, discípulo de Miguel Angel, que trajo a España las primicias del Renacimiento.*

LA DESCENDENCIA DE LA MEZQUITA

Con elementos tradicionales unos y de nueva aportación otros, la Mezquita cordobesa forja un estilo original, de gran entronque bizantino, que inicia el arte hispano-musulmán o arte califal, que viene a morir siete siglos más tarde en las exquisitas dulzuras granadinas del arte nazarita.

Pero aún salta sobre el Renacimiento, y tanto por la supervivencia de artistas moriscos como por la infiltración de los temas islámicos en el alma hispánica, los reinos cristianos de la Baja Edad Media siguen elaborando en templos, palacios y artesanías, los conjuntos y motivos que se fraguaron en época islámica, produciendo ese estilo mudéjar, tan castizamente español, que impregna, casi hasta nuestros días, nuestras artes vernáculas. En las grandes obras especialistas se pueden estudiar y seguir esos influjos, de los que hay magníficos ejemplos en nuestro suelo.

Fuera de nuestro territorio, a lo largo de los países árabes ribereños del Mediterráneo, hasta los francamente orientales, hay también un influjo que en los más próximos, como Marruecos y Argelia, han llegado en toda su pureza granadina hasta principios de nuestro siglo, como arte nacional, antes de impregnarse de las corrientes modernas.

Muchas artesanías en cerámicas, metales, cordobanes y guadamaciles, joyas y tejidos y cuanto produce el espíritu popular, incluyendo trajes y costumbres, bailes y canciones, han heredado el singular sello de aquella civilización hispano-árabe que para el vulgo, por el influjo de las últimas invasiones foráneas de almorávides y almohades procedentes de Marruecos, son llamadas en nuestro país obras de moros.

En cuanto a la lejana influencia, a través del arte de los mozárabes, en los estilos europeos medievales, como el románico y el gótico, la herencia de muchos temas es bien patente, y en muchos casos forma combinaciones entre ambas influencias estilísticas, que los hacen más bellos y armoniosos.

LA VIDA RELIGIOSA DE LA MEZQUITA

Además de las cinco oraciones rituales que el buen musulmán debe rezar a lo largo de la jornada, las mezquitas servían de gran lugar de reunión o asamblea pública que en realidad es la etimología de «aljama». Ya se ha recordado que desde los mimbares o púlpitos se promulgaban los dahires o disposiciones legales, se comunicaba al pueblo los grandes acontecimientos, se bendecían banderas y ejércitos cuando salían a campaña, y se les recibía gloriosamente cuando volvían de las gazúas, generalmente cargados de botín y prisioneros. En los patios suelen acomodarse los jueces, y también se dan las enseñanzas, tanto elementales, como de alta especulación.

El Imam o jefe religioso del Islam (salvación) es el Califa, quien dirige la oración del viernes, el día sagrado de los musulmanes, si bien puede delegar en el mocri (predicador) o el juez (cadi-l-codáa) o gran cadí de Córdoba.

La predicación se hace desde el mimbar, gran púlpito con siete escalones por delante, de los que se llegaron a hacer en Córdoba ejemplares verdaderamente maravillosos, de maderas preciosas, algunos de los cuales se conservan en Marruecos. El de Córdoba terminó de desaparecer mucho tiempo después de la reconquista. Se colocaba sobre el costado izquierdo del miharab, con nueve grandes cirios de cera verde por delante, en las festividades religiosas, y fuera de ellas, se ocultaba en el cuarto inmediato de acceso al sabath. Sobre unas tarimas de madera con ligera elevación, repetían los recitales y oraciones, dada la gran extensión del templo.

El Corán, libro sagrado de la religión islámica redactado por el profeta Mahoma, escrito en caracteres cúficos, se colocaba sobre un atril, que también le servía de caja o cofre (dikké) y cuya descripción minuciosa, incrustadas las maderas de piedras preciosas, es muy detallada en los historiadores árabes, y muy venerado, porque tenía cuatro páginas manchadas con la sangre del Califa Otmán, uno de los Compañeros del Profeta. Este ejemplar se lo llevaron los almohades y sus sucesores políticos, los benimerines, que lo llevaban como amuleto en sus expediciones guerreras, lo perdieron en un barco que naufragó en el Estrecho de Gibraltar.

Las mezquitas tienen bienes propios (habús, plural habices), siendo cuantiosos los que llegó a reunir la aljama cordobesa, con los cuales atendían, aparte las necesidades materiales del templo, cirios y aceites, los numerosos empleados y servidores, las limosnas rituales e incluso la casa de los peregrinos pobres (dar-el-sadaka o casa de la limosna), que estaba frontera a la Mezquita por el costado de poniente, a cuyo lado estuvo la mansión de los jueces y por consiguiente en los últimos tiempos era conocida por casa de los Beni Rushd, la familia de los Averroes.

Mención especial merecen los almuédanos (muezzines) que llaman a la oración desde las azoteas de las mezquitas, a los que por su hermosa voz eran bien pagados, llegando

48. *La Capilla del Inca, en la Catedral cordobesa, es uno de los más sólidos eslabones de la cultura hispano-americana.*

a alcanzar gran fama los andaluces por las inflexiones melódicas que imprimían a sus cantos, a los que atribuye la tradición el origen de las saetas.

LAS NAVES DE CATEDRAL

El 29 de junio de 1236, día de San Pedro y San Pablo, el rey de Castilla Fernando III el Santo, entró triunfalmente en Córdoba, asediada por sus ejércitos desde seis meses antes, y que había permanecido bajo el poder musulmán más de cinco siglos.

Asistido de obispos, magnates y guerreros purificó la Mezquita, que fue erigida Catedral bajo la advocación de Santa María, celebrando las primeras festividades litúrgicas en una capilla dedicada a San Clemente, fundada sobre el muro sur del templo. Pronto empezaron las fundaciones pías y

enterramientos, y a lo largo de la Baja Edad Media hubo pequeñas transformaciones, siendo la de mayor envergadura la creación de la Capilla Real, a fines del siglo XIII, para enterrar reyes de Castilla, como se hizo con Fernando IV y Alfonso XI. A fines del siglo XV se sintió la necesidad de una amplia nave de catedral, y teniendo su cabecera en la que hoy llamamos Capilla de Villaviciosa, se construyó en tiempos de los Reyes Católicos la antigua Capilla Mayor, que hoy aparece exenta, con bello rosetón de la época, casetones góticos entre la arquería y numerosos laudes funerarios en el suelo, muchos de ellos trasladados allí recientemente. Es tradición que la Reina Isabel se lamentó de la obra transformadora.

Un medio siglo más tarde, el año 1523, el Cabildo acordó hacer otra nave catedralicia también en el interior de la Mezquita, más amplia y suntuosa que la anterior. El Renacimiento estaba en toda su pujanza, y a pesar de la recia oposición del Consejo de la Ciudad, que llegó a pregonar pena de muerte para todo el que pusiera mano en la destrucción de la Mezquita, se originó un largo y ruidoso pleito, que resolvió el Emperador Carlos I a favor del Cabildo eclesiástico.

La obra de esta gran nave catedralicia duró prácticamente casi tres siglos, sucediéndose en ella los estilos arquitectónicos gótico, plateresco y barroco, con proyectos y obra de muy diversos alarifes, destacando entre ellos las tres generaciones de los eminentes cordobeses Hernan-Ruiz. Todavía el magnífico Coro, todo él de madera americana de caoba, obra del escultor sevillano Duque Cornejo, allí enterrado, se terminó a fines del siglo XVIII. Los púlpitos tienen ya la influencia francesa de Verdiguier, y alcanzaron la invasión napoleónica, que ejecutó en Córdoba terribles y afrentosas depredaciones.

Los tiempos cristianos fueron acarreando en la Catedral cordobesa tesoros y obras de arte sin par, de lo que algo subsiste apesar de los avatares y saqueos de propios y extraños.

En la serie de sus capillas hay toda una teoría de historia del Arte, en las rejas, altares, cerámicas, retablos, pinturas y esculturas, joyas y ornamentos, y hermosos libros corales con bien dotada capilla de música.

Destacan, con categoría universal, la Custodia de Enrique de Arfe, del siglo XVI, la mejor de España, gemela de la toledana, que señorea la riqueza, muy disminuida, del tesoro catedralicio.

En pintura sobresalen los retablos de Pedro de Campaña y de Céspedes, la gran tabla gótica de la Anunciación, la magnífica Cena y otros hermosos retablos y pinturas de Pablo de Céspedes, y las pinturas de Palomino, entre los mármoles rojos del gran altar mayor, todo ello casi obra de cordobeses.

Esculturas de Pedro de Mena y de José de Mora, Cristos de marfil, el magnífico San Pablo de Céspedes, donde se revela la escuela de Miguel Angel a cuyo lado trabajó este cordobés, y otras labores en mármoles y maderas dan cumplida cuenta de la labor de gubias y cinceles en esta Catedral cordobesa, en la que todos los siglos modernos han dejado su sedimento en forma de reliquias magníficas del Arte español

La Mezquita-Catedral de Córdoba fue declarada Monumento Nacional el 21 de noviembre de 1882, comenzando la era de las restauraciones bajo dirección de arquitectos conservadores, de los cuales la más profunda huella ha sido la de Don Ricardo Velázquez Bosco, que fue Director de la Escuela Superior de Arquitectura de Madrid.

RAFAEL CASTEJON

49. *En la Puerta de Santa Catalina ha dejado su huella el Renacimiento en este magnífico aldabón de bronce.*

INDICE